Table Of Contents

Importancia de las habilidades de comunicación en la negociación 2
Audiencia objetivo: Vendedores y consultores 2
Fundamentos de la comunicación en la negociación 2
Elementos clave de la comunicación efectiva 2
Barreras comunes en la comunicación durante la negociación 2
Preparación para una negociación exitosa 2
Investigación previa: Conocer a la otra parte 2
Establecimiento de objetivos claros en la comunicación 2
Estrategias de comunicación persuasiva 2
Técnicas de persuasión verbal 2
Lenguaje corporal en la negociación 2
Escucha activa y empatía en la negociación 2
Importancia de la escucha activa en la comunicación 2
Desarrollo de la empatía para lograr acuerdos beneficiosos 2
Manejo de conflictos y negociación de soluciones 2
Identificación de conflictos y gestión de emociones 2
Enfoques para la resolución de conflictos en la negociación 2
Cierre exitoso de la negociación 2
Tácticas de cierre efectivas 2
Seguimiento post-negociación: Fidelización y mantenimiento de relaciones 2
Casos de estudio y ejemplos prácticos 2
Análisis de casos reales de negociación 2
Ejercicios prácticos para el desarrollo de habilidades de comunicación 2

Conclusiones 2
    Recapitulación de los puntos clave 2
    Recomendaciones finales para mejorar las habilidades de comunicación en la negociación 2
Anexos 2
    Glosario de términos relevantes 2
    Recursos adicionales para seguir desarrollando habilidades de comunicación 2
Introducción 1

Introducción

Importancia de las habilidades de comunicación en la negociación

Importancia de las habilidades de comunicación en la negociación
En el mundo de los vendedores y consultores, la negociación es una herramienta fundamental para lograr acuerdos exitosos. Sin embargo, la clave para una negociación efectiva radica en las habilidades de comunicación que poseamos. La manera en que nos expresamos, escuchamos y entendemos a nuestro interlocutor puede marcar la diferencia entre un resultado satisfactorio y un fracaso en la negociación.

Las habilidades de comunicación son indispensables para establecer una relación de confianza y empatía con la otra parte. La capacidad de transmitir nuestras ideas de forma clara y persuasiva, así como de comprender las necesidades y preocupaciones del otro, son elementos cruciales para llegar a acuerdos beneficiosos para ambas partes. En este sentido, dominar estas habilidades nos permite no solo comunicar eficazmente nuestras propuestas, sino también escuchar activamente y responder de manera asertiva a las propuestas del otro.

Además, las habilidades de comunicación en la negociación nos permiten gestionar conflictos de manera constructiva. Saber cómo manejar diferencias de opinión, resolver malentendidos y llegar a compromisos mutuamente beneficiosos son aspectos fundamentales de una negociación exitosa. La comunicación efectiva nos brinda las herramientas necesarias para superar obstáculos y mantener un diálogo fluido y respetuoso, incluso en situaciones de tensión.

Asimismo, el dominio de las habilidades de comunicación nos ayuda a potenciar nuestra influencia y persuasión en el proceso de negociación. Saber cómo argumentar de manera convincente, adaptar nuestro discurso a las necesidades y preferencias del otro y utilizar técnicas de comunicación no verbal adecuadas nos posiciona como vendedores y consultores más efectivos y convincentes. La comunicación es la clave para generar confianza, credibilidad y establecer relaciones sólidas que perduren en el tiempo.

En resumen, las habilidades de comunicación son un pilar fundamental en el arte de la negociación. Para los vendedores y consultores que buscan desarrollar habilidades de comunicación efectiva en la negociación, es crucial entender que la comunicación va más allá de las palabras; implica escucha activa, empatía, asertividad y capacidad de adaptación. Al perfeccionar estas habilidades, no solo mejoramos nuestras habilidades negociadoras, sino que también fortalecemos nuestra capacidad para establecer relaciones duraderas y exitosas en el ámbito profesional.

Audiencia objetivo: Vendedores y consultores

Los vendedores y consultores son figuras clave en el mundo de los negocios, ya que su capacidad para comunicarse de manera efectiva puede marcar la diferencia entre el éxito y el fracaso en una negociación. En este subcapítulo, nos dirigimos específicamente a este grupo de profesionales, brindándoles herramientas y estrategias para desarrollar habilidades de comunicación sólidas que les permitan convencer a sus clientes y cerrar acuerdos de manera exitosa.

La comunicación efectiva es fundamental en el proceso de negociación, ya que permite establecer una conexión sólida con el interlocutor, comprender sus necesidades y encontrar soluciones que satisfagan ambas partes. Los vendedores y consultores deben ser capaces de expresar sus ideas de manera clara y persuasiva, adaptándose al estilo de comunicación de cada cliente para lograr una comunicación fluida y eficaz.

Para desarrollar habilidades de comunicación efectiva en la negociación, es fundamental dominar tanto el lenguaje verbal como el no verbal. La forma en que nos expresamos, nuestro tono de voz, gestos y postura juegan un papel crucial en la percepción que los demás tienen de nosotros. Los vendedores y consultores deben prestar especial atención a estos aspectos para transmitir confianza, profesionalismo y empatía en cada interacción.

Además de dominar los aspectos técnicos de la comunicación, los vendedores y consultores deben cultivar habilidades de escucha activa. Es fundamental mostrar interés genuino por las necesidades y preocupaciones del cliente, demostrando empatía y comprensión. La capacidad de escuchar atentamente y hacer las preguntas adecuadas permite establecer una comunicación bidireccional que fomente la confianza y la colaboración.

En resumen, para ser un vendedor o consultor exitoso, es imprescindible desarrollar habilidades de comunicación efectiva en la negociación. Dominar el arte de la persuasión, adaptarse a diferentes estilos de comunicación, cuidar tanto el lenguaje verbal como no verbal, y practicar la escucha activa son pilares fundamentales para lograr el éxito en el mundo de las ventas y la consultoría. Este subcapítulo está diseñado para ayudarte a potenciar tus habilidades de comunicación y convertirte en un comunicador convincente y persuasivo en tus negociaciones.

Fundamentos de la comunicación en la negociación

Elementos clave de la comunicación efectiva

En el mundo de las ventas y la consultoría, la comunicación efectiva es un elemento clave para lograr el éxito en las negociaciones. En este subcapítulo, exploraremos los elementos esenciales que todo vendedor y consultor debe dominar para mejorar sus habilidades comunicativas y, en consecuencia, potenciar sus resultados en las negociaciones.

El primer elemento clave de la comunicación efectiva es la escucha activa. Para convencer a un cliente o a un interlocutor en una negociación, es fundamental demostrar interés real en lo que están expresando. Escuchar atentamente no solo implica prestar atención a las palabras, sino también a los gestos, tono de voz y emociones del otro. Este nivel de empatía facilita la creación de un vínculo sólido y favorece la comprensión mutua.

Otro elemento fundamental es la claridad en la comunicación. Los vendedores y consultores deben ser capaces de expresar sus ideas de forma concisa, directa y fácilmente comprensible. Evitar el uso de tecnicismos innecesarios y adaptar el mensaje al interlocutor son estrategias clave para asegurar que la comunicación sea efectiva y no genere confusiones.

La empatía es un tercer elemento esencial en la comunicación efectiva. Ponerse en el lugar del cliente o del interlocutor, comprender sus necesidades, preocupaciones y objetivos, permite establecer una conexión genuina y construir relaciones sólidas basadas en la confianza mutua. La empatía facilita la identificación de soluciones que satisfagan las expectativas de ambas partes en una negociación.

La asertividad es un cuarto elemento clave. Ser asertivo implica expresar las propias opiniones, necesidades y deseos de manera clara y respetuosa, sin agresividad ni sumisión. Los vendedores y consultores asertivos son capaces de defender sus intereses de forma firme, al mismo tiempo que mantienen una actitud abierta al diálogo y la colaboración, lo que favorece la construcción de acuerdos beneficiosos para ambas partes.

Por último, la adaptabilidad es un elemento crucial en la comunicación efectiva. En un entorno de negociación, es fundamental saber ajustar el estilo comunicativo, el tono y la estrategia en función de las características del interlocutor y de las circunstancias específicas de cada situación. La capacidad de adaptarse de manera flexible y eficaz aumenta las probabilidades de alcanzar acuerdos satisfactorios y fortalecer las relaciones a largo plazo.

Barreras comunes en la comunicación durante la negociación

Barreras comunes en la comunicación durante la negociación
En el apasionante mundo de la negociación, la comunicación efectiva es clave para lograr acuerdos exitosos. Sin embargo, en el camino hacia el éxito, los vendedores y consultores pueden encontrarse con diversas barreras que obstaculizan el flujo de información y la construcción de relaciones sólidas. Identificar y superar estas barreras es fundamental para alcanzar resultados satisfactorios en cualquier proceso de negociación.

Una de las barreras más comunes en la comunicación durante la negociación es la falta de escucha activa. Muchas veces, los vendedores y consultores se centran en transmitir su mensaje sin prestar la debida atención a las necesidades y preocupaciones de la otra parte. La escucha activa implica no solo oír las palabras del interlocutor, sino también comprender su punto de vista y mostrar empatía hacia sus emociones, lo cual es esencial para establecer una comunicación efectiva.

Otra barrera importante es la falta de claridad en la comunicación. Cuando las ideas no se expresan de forma precisa y concisa, se generan malentendidos que pueden llevar a conflictos innecesarios. Los vendedores y consultores deben asegurarse de utilizar un lenguaje claro y directo, evitando jergas o tecnicismos que puedan confundir a la otra parte. La comunicación efectiva se basa en transmitir el mensaje de manera sencilla y accesible para que sea comprendido por todos los involucrados en la negociación.

La falta de empatía es otra barrera que puede entorpecer la comunicación durante la negociación. Es fundamental ponerse en el lugar del otro, entender sus motivaciones y necesidades, y mostrar respeto por su punto de vista. La empatía facilita la creación de un clima de confianza y colaboración, elementos esenciales para llegar a acuerdos beneficiosos para ambas partes. Los vendedores y consultores deben cultivar la empatía como una habilidad fundamental en su arsenal de comunicación.

Además, la sobrecarga de información puede ser una barrera significativa en la comunicación durante la negociación. En un entorno donde la información fluye constantemente, es importante saber filtrar y seleccionar los datos relevantes para no abrumar a la otra parte. Los vendedores y consultores deben ser capaces de comunicar la información de manera estructurada y enfocada en los puntos clave, evitando saturar al interlocutor con detalles innecesarios. La habilidad de discernir qué información es relevante en cada momento es crucial para mantener una comunicación efectiva en la negociación.

En resumen, para desarrollar habilidades de comunicación efectiva en la negociación, los vendedores y consultores deben estar atentos a superar las barreras comunes que pueden surgir en el proceso. La escucha activa, la claridad en la comunicación, la empatía y la gestión de la información son aspectos fundamentales a tener en cuenta para garantizar que la comunicación fluya de manera eficaz y se logren acuerdos satisfactorios para ambas partes. Al dominar estas habilidades, los profesionales podrán potenciar su desempeño en el arte de la negociación y alcanzar el éxito en sus transacciones comerciales.

Preparación para una negociación exitosa

Investigación previa: Conocer a la otra parte

Investigación previa: Conocer a la otra parte
Antes de adentrarnos en una negociación, es fundamental llevar a cabo una investigación exhaustiva sobre la otra parte involucrada. Conocer a fondo a nuestros interlocutores nos brinda una ventaja estratégica al permitirnos anticipar sus necesidades, intereses y posibles puntos de conflicto. Esta etapa de investigación previa es crucial para establecer una conexión efectiva y construir relaciones sólidas durante el proceso de negociación.

La información recabada durante la investigación previa nos permite adaptar nuestra estrategia de comunicación de manera más precisa. Al conocer el perfil de la otra parte, sus valores, objetivos y estilo de comunicación, podemos ajustar nuestro discurso y enfoque para establecer un diálogo más efectivo y empático. Esta personalización en la comunicación es fundamental para generar confianza y credibilidad en la negociación.

Además de conocer aspectos personales de la otra parte, es importante investigar también sobre su contexto empresarial y sectorial. Comprender el entorno en el que se desenvuelve nuestro interlocutor nos brinda una visión más amplia de sus necesidades y desafíos, permitiéndonos identificar oportunidades de colaboración mutua y posibles puntos de acuerdo beneficiosos para ambas partes. La investigación previa no se limita únicamente a recopilar datos sobre la otra parte, sino que también implica reflexionar sobre nuestra propia posición, intereses y objetivos en la negociación. Conocer nuestras fortalezas y debilidades nos permite definir una estrategia de comunicación coherente y asertiva, enfocada en alcanzar acuerdos satisfactorios para ambas partes. Esta autoevaluación es clave para mantener la claridad y la firmeza en nuestras propuestas durante la negociación.

En resumen, la investigación previa es un paso fundamental en el desarrollo de habilidades de comunicación efectiva en la negociación. Al conocer a fondo a la otra parte, adaptar nuestra comunicación a su perfil y contexto, y reflexionar sobre nuestra propia posición, estamos sentando las bases para construir relaciones sólidas y alcanzar acuerdos mutuamente beneficiosos. La investigación previa nos brinda la información y la perspectiva necesarias para abordar la negociación con confianza, empatía y eficacia.

Establecimiento de objetivos claros en la comunicación

Establecer objetivos claros en la comunicación es fundamental para lograr una negociación exitosa como vendedor o consultor. Al definir con precisión lo que se quiere lograr en cada interacción, se crea un camino claro hacia el éxito. Los objetivos deben ser específicos, medibles, alcanzables, relevantes y con un tiempo determinado, lo que facilitará el seguimiento y la evaluación de los resultados obtenidos.

En el contexto de la negociación, es importante que los vendedores y consultores sepan comunicar de manera efectiva cuáles son sus objetivos, tanto a nivel personal como organizacional. Esto permitirá alinear las metas individuales con las del equipo o empresa, creando una sinergia que potenciará los resultados. Además, al ser transparentes en cuanto a los objetivos que se persiguen, se genera confianza y credibilidad en la negociación.

La claridad en los objetivos de comunicación también implica tener en cuenta el público al que se dirige el mensaje. Es fundamental adaptar el lenguaje, el tono y la estructura de la comunicación según las características y necesidades de la audiencia. Conocer a fondo a los interlocutores permitirá transmitir los objetivos de manera efectiva y persuasiva, generando un impacto positivo en la negociación.

Asimismo, es importante que los vendedores y consultores sepan gestionar las expectativas de las partes involucradas en la negociación. Comunicar de manera clara y realista qué es posible lograr y qué no, ayudará a evitar malentendidos y conflictos futuros. Establecer objetivos alcanzables y alineados con las capacidades y recursos disponibles es clave para construir relaciones sólidas y duraderas con los clientes.

En resumen, establecer objetivos claros en la comunicación es un paso fundamental para desarrollar habilidades efectivas en la negociación. Definir metas específicas, comunicarlas de manera transparente, adaptar el mensaje al público objetivo y gestionar las expectativas de forma realista son estrategias clave para alcanzar el éxito en cualquier proceso de negociación. Los vendedores y consultores que dominan esta habilidad estarán mejor preparados para enfrentar los desafíos del mercado actual y lograr acuerdos beneficiosos para ambas partes.

Estrategias de comunicación persuasiva

Técnicas de persuasión verbal

En el mundo de las ventas y la consultoría, dominar las técnicas de persuasión verbal es fundamental para lograr el éxito en la negociación. En este subcapítulo titulado "Técnicas de persuasión verbal", exploraremos estrategias clave que te ayudarán a mejorar tus habilidades de comunicación y a convencer a tu interlocutor de manera efectiva.

Una de las técnicas más poderosas de persuasión verbal es el uso de la empatía. Al ponerse en el lugar del cliente o interlocutor, puedes comprender mejor sus necesidades y preocupaciones, lo que te permitirá adaptar tu discurso de manera más efectiva y establecer una conexión emocional sólida.

Otra técnica importante es la utilización de la escucha activa. Al prestar atención genuina a lo que tu interlocutor está comunicando, podrás identificar sus puntos clave y responder de manera más precisa, demostrando así tu interés y respeto por su opinión. La escucha activa es esencial para establecer una comunicación bidireccional efectiva y construir relaciones sólidas en el proceso de negociación.

Además, el uso de argumentos sólidos respaldados por datos y ejemplos concretos puede ser una herramienta persuasiva muy poderosa. Al presentar información relevante y verificable, estarás fortaleciendo tu posición y aumentando la credibilidad de tu discurso, lo que te ayudará a convencer a tu interlocutor de manera más efectiva.

Asimismo, la habilidad de utilizar el lenguaje corporal de manera efectiva es clave en la persuasión verbal. Gestos, expresiones faciales y posturas pueden influir en la percepción que los demás tienen de ti y en cómo reciben tu mensaje. Aprender a controlar y utilizar tu lenguaje corporal de manera consciente te permitirá reforzar tus argumentos y transmitir confianza y seguridad en tus habilidades de comunicación.

En resumen, dominar las técnicas de persuasión verbal es fundamental para vendedores y consultores que buscan desarrollar habilidades de comunicación efectiva en la negociación. Al aplicar estrategias como la empatía, la escucha activa, el uso de argumentos sólidos respaldados por datos y el manejo adecuado del lenguaje corporal, podrás mejorar tus habilidades de persuasión y aumentar tus posibilidades de éxito en el mundo de las ventas y la consultoría.

Lenguaje corporal en la negociación

Lenguaje corporal en la negociación
En el mundo de las ventas y consultoría, la comunicación no verbal juega un papel crucial en el éxito de una negociación. El lenguaje corporal puede transmitir información de manera poderosa y a menudo revela más de lo que las palabras expresan. Es por ello que comprender y dominar el arte del lenguaje corporal es fundamental para desarrollar habilidades efectivas de comunicación en el ámbito de la negociación.

Una postura abierta y segura puede proyectar confianza y credibilidad ante los clientes potenciales. Mantener una mirada directa y firme, así como utilizar gestos que refuercen el mensaje que se quiere transmitir, son aspectos clave a tener en cuenta. Además, la sonrisa genuina y el contacto visual adecuado pueden establecer conexiones emocionales significativas que faciliten el proceso de negociación.

Es importante recordar que el lenguaje corporal también puede revelar señales de incomodidad, desconfianza o falta de interés. Por ello, es fundamental estar atento a las señales que emite tanto el interlocutor como uno mismo. Aprender a interpretar y utilizar el lenguaje corporal de manera consciente puede marcar la diferencia entre una negociación exitosa y un fracaso.

La sincronización de gestos y posturas con el cliente puede ayudar a establecer un rapport efectivo y a fomentar la empatía durante la negociación. Adaptar el propio lenguaje corporal al del interlocutor puede generar una sensación de conexión y confianza mutua, facilitando así el proceso de comunicación y toma de decisiones.

En resumen, el lenguaje corporal en la negociación es una herramienta poderosa que puede potenciar las habilidades de comunicación de vendedores y consultores. Dominar la postura, gestos, mirada y sonrisa adecuados puede marcar la diferencia en la forma en que se establecen relaciones comerciales y se cierran acuerdos exitosos. Es fundamental practicar y perfeccionar el uso del lenguaje corporal para convertirse en un comunicador efectivo en el mundo de la negociación.

Escucha activa y empatía en la negociación

Importancia de la escucha activa en la comunicación

Importancia de la escucha activa en la comunicación
La escucha activa es una habilidad fundamental en cualquier proceso de comunicación efectiva, especialmente en el ámbito de la negociación. Para los vendedores y consultores, la capacidad de escuchar atentamente a sus interlocutores puede marcar la diferencia entre cerrar un trato exitoso o perder una oportunidad valiosa. La escucha activa implica prestar total atención a lo que la otra persona está diciendo, mostrando interés genuino y empatía hacia sus necesidades y preocupaciones.

En el contexto de la negociación, la escucha activa permite a los vendedores y consultores identificar las verdaderas necesidades y deseos de sus clientes, lo que les brinda la información necesaria para adaptar su propuesta de valor de manera efectiva. Al demostrar que se está escuchando de manera activa, se establece una conexión más profunda con el interlocutor, generando confianza y fortaleciendo la relación comercial.

Además, la escucha activa no solo implica prestar atención a las palabras que se están diciendo, sino también a la comunicación no verbal. Observar el lenguaje corporal, las expresiones faciales y el tono de voz del interlocutor puede proporcionar pistas valiosas sobre sus emociones y actitudes, lo que ayuda a interpretar mejor su mensaje y a responder de manera más efectiva.

En el proceso de negociación, la escucha activa también juega un papel crucial en la resolución de conflictos y en la búsqueda de soluciones mutuamente beneficiosas. Al escuchar con atención y comprensión, se fomenta un ambiente de diálogo abierto y constructivo, facilitando la identificación de puntos en común y la superación de diferencias.

En resumen, la escucha activa es una competencia esencial para los vendedores y consultores que deseen desarrollar habilidades de comunicación efectiva en la negociación. Al cultivar esta habilidad, se fortalecen las relaciones comerciales, se mejora la comprensión mutua y se incrementan las posibilidades de alcanzar acuerdos satisfactorios para ambas partes.

Desarrollo de la empatía para lograr acuerdos beneficiosos

Desarrollo de la empatía para lograr acuerdos beneficiosos
En el mundo de las ventas y la consultoría, la empatía juega un papel fundamental en el proceso de negociación. La capacidad de ponerse en el lugar del otro, comprender sus necesidades y emociones, es esencial para lograr acuerdos beneficiosos para ambas partes. Desarrollar la empatía no solo implica escuchar activamente, sino también tener la sensibilidad de leer entre líneas y captar las señales no verbales que pueden revelar mucho más que las palabras mismas. La empatía no solo se trata de comprender al otro, sino también de demostrar interés genuino por su bienestar y su éxito. Los vendedores y consultores que logran conectar a un nivel emocional con sus clientes o interlocutores tienen mayores posibilidades de establecer relaciones sólidas y duraderas. Esto no solo facilita la negociación en el corto plazo, sino que también sienta las bases para futuras colaboraciones y alianzas estratégicas que pueden ser clave para el crecimiento del negocio.
Para desarrollar la empatía de manera efectiva, es fundamental practicar la escucha activa y la observación atenta. Prestar atención a las expresiones faciales, el tono de voz y el lenguaje corporal puede proporcionar pistas valiosas sobre lo que realmente está sintiendo la otra persona. Además, es importante hacer preguntas abiertas y

mostrar un interés auténtico por conocer sus puntos de vista y preocupaciones, lo que contribuirá a establecer un clima de confianza y apertura en la negociación.

La empatía también implica saber manejar las emociones propias y ajenas en el proceso de negociación. Ser capaz de controlar la frustración, la impaciencia o la ansiedad, así como de gestionar adecuadamente las reacciones emocionales del otro, es fundamental para mantener un ambiente favorable para llegar a acuerdos beneficiosos. La empatía nos permite conectar a un nivel humano más profundo, superando las barreras del ego y la competitividad para buscar soluciones que satisfagan las necesidades de ambas partes de manera equitativa.

En resumen, el desarrollo de la empatía es una habilidad clave para los vendedores y consultores que buscan mejorar sus habilidades de comunicación en la negociación. Al cultivar la capacidad de comprender, conectar y colaborar con los demás desde un lugar de autenticidad y respeto, se abren nuevas posibilidades para lograr acuerdos beneficiosos que no solo sean rentables, sino también sostenibles a largo plazo. La empatía no solo es una herramienta poderosa para cerrar tratos, sino también para construir relaciones sólidas y fructíferas en el mundo de los negocios.

Manejo de conflictos y negociación de soluciones

Identificación de conflictos y gestión de emociones

Identificación de conflictos y gestión de emociones
En el mundo de las ventas y consultoría, es fundamental poder identificar los conflictos que puedan surgir durante una negociación. Reconocer las diferencias de opiniones, intereses y necesidades entre las partes involucradas es el primer paso para abordarlos de manera efectiva. La habilidad de identificar conflictos nos permite anticipar posibles obstáculos y trabajar en estrategias para superarlos de forma constructiva.

La gestión de emociones es otra pieza clave en el proceso de negociación. Los vendedores y consultores deben ser capaces de controlar sus propias emociones y comprender las de los demás para mantener un ambiente de diálogo positivo y productivo. La empatía y la inteligencia emocional son habilidades fundamentales para gestionar las emociones de manera efectiva y lograr acuerdos satisfactorios para ambas partes.

Es importante recordar que los conflictos son oportunidades para el crecimiento y la mejora en cualquier negociación. A través de la identificación de los conflictos y la gestión adecuada de las emociones, los vendedores y consultores pueden transformar situaciones tensas en oportunidades para fortalecer relaciones y llegar a acuerdos beneficiosos para ambas partes.

La comunicación asertiva juega un papel fundamental en la identificación de conflictos y la gestión de emociones en una negociación. Ser capaz de expresar de manera clara y respetuosa nuestras opiniones y necesidades, así como escuchar activamente a la otra parte, facilita el proceso de resolución de conflictos y contribuye a un clima de confianza y colaboración mutua.

En resumen, la identificación de conflictos y la gestión de emociones son habilidades esenciales para los vendedores y consultores que buscan desarrollar una comunicación efectiva en la negociación. Al cultivar la capacidad de reconocer y abordar los conflictos de manera constructiva, y al gestionar adecuadamente las emociones propias y ajenas, se potencia la capacidad de alcanzar acuerdos satisfactorios y construir relaciones duraderas basadas en la confianza y la colaboración.

Enfoques para la resolución de conflictos en la negociación

En el mundo de las ventas y la consultoría, la negociación es una habilidad fundamental que puede marcar la diferencia entre el éxito y el fracaso. En este subcapítulo titulado "Enfoques para la resolución de conflictos en la negociación", exploraremos diversas estrategias y técnicas para abordar eficazmente los conflictos que puedan surgir durante el proceso de negociación.

Uno de los enfoques clave para resolver conflictos en la negociación es la comunicación efectiva. Es fundamental establecer una comunicación clara y abierta con la otra parte, escuchando activamente sus preocupaciones y buscando puntos en común para llegar a un acuerdo mutuamente beneficioso. La empatía y la capacidad de ponerse en el lugar del otro son habilidades esenciales para gestionar conflictos de manera constructiva.

Otro enfoque importante es la búsqueda de soluciones creativas. En lugar de centrarse en posiciones rígidas y enfrentadas, es útil explorar opciones innovadoras que satisfagan los intereses de ambas partes. La creatividad y la flexibilidad son clave para encontrar soluciones ganar-ganar que permitan superar los conflictos y fortalecer la relación con el cliente o el interlocutor.

Además, es fundamental tener en cuenta la importancia de la gestión emocional en la resolución de conflictos. Los vendedores y consultores deben ser conscientes de sus propias emociones y de cómo estas pueden influir en la negociación. La inteligencia emocional y la capacidad de mantener la calma en situaciones de conflicto son habilidades esenciales para manejar con éxito las tensiones y llegar a acuerdos satisfactorios.

Por último, es crucial practicar la escucha activa y la asertividad en la negociación. Escuchar atentamente a la otra parte, validar sus puntos de vista y expresar claramente nuestras propias necesidades y deseos son aspectos fundamentales para resolver conflictos de manera efectiva. La asertividad nos permite defender nuestros intereses de manera firme pero respetuosa, contribuyendo a construir relaciones sólidas y duraderas en el ámbito de las ventas y la consultoría.

En resumen, los enfoques para la resolución de conflictos en la negociación requieren de habilidades de comunicación efectiva, creatividad, gestión emocional, escucha activa y asertividad. Al desarrollar estas competencias, los vendedores y consultores pueden mejorar su desempeño en la negociación y alcanzar acuerdos exitosos que beneficien a ambas partes.

Cierre exitoso de la negociación

Tácticas de cierre efectivas

Tácticas de Cierre Efectivas
En el mundo de las ventas y la consultoría, dominar las tácticas de cierre efectivas es fundamental para lograr el éxito en las negociaciones. El cierre de una venta no solo implica sellar un trato, sino también establecer una relación duradera con el cliente. En este subcapítulo, exploraremos algunas estrategias clave para perfeccionar tus habilidades de cierre y aumentar tus tasas de conversión.

Una táctica de cierre efectiva es saber identificar las señales de compra del cliente. Estas señales pueden ser verbales o no verbales y te indicarán cuándo es el momento adecuado para cerrar la venta. Escuchar atentamente al cliente y estar atento a su lenguaje corporal te ayudará a interpretar estas señales de manera efectiva y a actuar en consecuencia.

Otra estrategia importante es la de crear un sentido de urgencia en el cliente. Al presentar tu oferta como una oportunidad única y limitada en el tiempo, estás incentivando al cliente a tomar una decisión rápida. Utiliza frases como "Esta promoción solo es válida hoy" o

"Quedan pocas unidades disponibles" para generar ese sentido de urgencia y cerrar la venta con éxito.

Además, es crucial saber manejar las objeciones del cliente de manera profesional y persuasiva. Ante cualquier duda o resistencia por parte del cliente, es importante mostrar empatía, comprender sus preocupaciones y ofrecer soluciones que resuelvan sus inquietudes. Al abordar las objeciones de manera efectiva, estarás allanando el camino para cerrar la venta de manera exitosa.

Otro aspecto fundamental es el de saber cuándo callar y permitir que sea el cliente quien tome la iniciativa de cerrar la venta. En muchas ocasiones, el silencio estratégico puede ser una herramienta poderosa para motivar al cliente a tomar la decisión final. Darle espacio al cliente para reflexionar y expresar sus pensamientos puede ser determinante para lograr el cierre de la venta de forma natural.

En resumen, dominar las tácticas de cierre efectivas es esencial para todo vendedor y consultor que desee alcanzar el éxito en sus negociaciones. Al identificar las señales de compra, crear un sentido de urgencia, manejar las objeciones con destreza y saber cuándo callar, estarás preparado para cerrar ventas de manera exitosa y establecer relaciones duraderas con tus clientes. ¡Practica estas estrategias y conviértete en un experto en el arte del cierre efectivo!

Seguimiento post-negociación: Fidelización y mantenimiento de relaciones

El seguimiento post-negociación es una fase crucial en el proceso de venta, ya que es en este momento donde se consolida la relación con el cliente y se sientan las bases para futuras transacciones. La fidelización y el mantenimiento de relaciones son aspectos clave para garantizar la satisfacción del cliente y construir una base sólida de clientes recurrentes.

Para lograr una fidelización efectiva, es fundamental mantener una comunicación constante con el cliente. Mantenerse en contacto a través de llamadas, correos electrónicos o visitas periódicas permite demostrar interés en su satisfacción y necesidades, lo que fortalece la relación y genera confianza.

Además, es importante recordar que la fidelización va más allá de la simple transacción comercial. Se trata de establecer una relación de confianza mutua, donde el cliente se sienta valorado y escuchado. Escuchar activamente sus necesidades y preocupaciones, y estar dispuesto a adaptarse y ofrecer soluciones personalizadas, son aspectos clave para mantener la fidelidad del cliente.

Otro aspecto fundamental en el proceso de fidelización es el seguimiento de la satisfacción del cliente. Realizar encuestas de satisfacción, solicitar feedback y estar atento a posibles problemas o inconformidades, son acciones que permiten identificar áreas de mejora y demostrar al cliente que su opinión es valorada.

En resumen, el seguimiento post-negociación, la fidelización y el mantenimiento de relaciones son aspectos esenciales en el proceso de venta. Mantener una comunicación constante, demostrar interés genuino en el cliente, adaptarse a sus necesidades y preocupaciones, y estar atento a su satisfacción, son prácticas clave para construir relaciones sólidas y duraderas con los clientes.

Casos de estudio y ejemplos prácticos

Análisis de casos reales de negociación

En el mundo de las ventas y la consultoría, la habilidad para negociar de manera efectiva es crucial para lograr acuerdos exitosos y construir relaciones sólidas. En este subcapítulo titulado "Análisis de casos reales de negociación", exploraremos ejemplos concretos que ilustran la importancia de dominar las habilidades de comunicación en el arte de negociar.

Un caso destacado es el de María, una vendedora experta que logró cerrar un trato millonario gracias a su habilidad para escuchar activamente a su cliente y adaptar su discurso a las necesidades específicas del mismo. Su capacidad para conectar emocionalmente con el cliente fue clave para generar confianza y cerrar la venta de manera exitosa.

Otro caso relevante es el de Javier, un consultor que enfrentó una difícil negociación con un cliente insatisfecho. Gracias a su habilidad para manejar conflictos de manera asertiva y encontrar soluciones creativas, logró transformar una situación complicada en una oportunidad para fortalecer la relación con el cliente y ofrecer un servicio de alto valor.

Estos casos reales nos enseñan que la negociación efectiva va más allá de simplemente vender un producto o servicio, se trata de construir relaciones sólidas basadas en la confianza y la comunicación abierta. Los vendedores y consultores que dominan estas habilidades tienen una ventaja competitiva significativa en un mercado cada vez más exigente y competitivo.

Al estudiar y analizar estos casos reales de negociación, los vendedores y consultores pueden aprender lecciones valiosas que les permitirán desarrollar sus propias habilidades de comunicación en la negociación. La práctica y la observación de situaciones reales son fundamentales para perfeccionar estas habilidades y alcanzar el éxito en el mundo de las ventas y la consultoría.

Ejercicios prácticos para el desarrollo de habilidades de comunicación

En el mundo de las ventas y la consultoría, la comunicación efectiva es fundamental para lograr el éxito en las negociaciones. Por ello, en este subcapítulo titulado "Ejercicios prácticos para el desarrollo de habilidades de comunicación", exploraremos diversas estrategias y técnicas que te ayudarán a mejorar tus habilidades comunicativas y persuasivas.

Uno de los ejercicios más efectivos para desarrollar habilidades de comunicación es la práctica de la escucha activa. Esto implica prestar total atención a tu interlocutor, mostrando interés genuino en lo que dice y evitando distracciones. Practicar la escucha activa te permitirá comprender mejor las necesidades y deseos de tus clientes, lo que facilitará el proceso de negociación.

Otro ejercicio práctico que te recomendamos es el role-playing o simulación de escenarios de negociación. A través de esta técnica, podrás poner en práctica tus habilidades comunicativas en situaciones reales, enfrentándote a distintos tipos de interlocutores y aprendiendo a adaptar tu mensaje de acuerdo a sus necesidades y personalidades.

Además, te invitamos a trabajar en el desarrollo de tu lenguaje corporal. La comunicación no verbal juega un papel crucial en la negociación, por lo que es importante que aprendas a controlar tus gestos, postura y expresiones faciales para transmitir confianza y credibilidad a tus clientes.

Asimismo, te animamos a practicar la empatía en tus interacciones con los clientes. Ponerte en el lugar del otro, comprender sus emociones y necesidades, te permitirá establecer una conexión más profunda y empática, lo que facilitará la construcción de relaciones sólidas y duraderas en el ámbito de la negociación.

En resumen, los ejercicios prácticos para el desarrollo de habilidades de comunicación son fundamentales para todo vendedor y consultor que desee mejorar su desempeño en la negociación. Al practicar la escucha activa, el role-playing, el control del lenguaje corporal y la empatía, podrás potenciar tus habilidades comunicativas y alcanzar el éxito en tus interacciones con los clientes. ¡No dudes en poner en práctica estas técnicas y verás cómo tu habilidad para convencer y negociar se fortalece día a día!

Conclusiones

Recapitulación de los puntos clave

En este subcapítulo de "Hablar para Convencer: Desarrollo de Habilidades de Comunicación en la Negociación", dirigido a vendedores y consultores, recapitulamos los puntos clave para desarrollar habilidades de comunicación efectiva en la negociación. La comunicación es fundamental en cualquier proceso de venta o asesoramiento, y dominarla puede marcar la diferencia entre el éxito y el fracaso en una negociación.

En primer lugar, es crucial entender la importancia de la escucha activa. Para persuadir y convencer en una negociación, es fundamental conocer las necesidades, deseos y preocupaciones del interlocutor. La escucha activa implica prestar atención no solo a las palabras, sino también a los gestos, tono de voz y emociones del otro, lo que nos permitirá adaptar nuestra comunicación de manera efectiva.

Otro punto clave es la empatía. Ponerte en el lugar del cliente o interlocutor te ayudará a comprender mejor sus motivaciones y a establecer una conexión más profunda. La empatía facilita la creación de un ambiente de confianza y colaboración, elementos esenciales en cualquier proceso de negociación exitoso.

La claridad en la comunicación es esencial. Evita el uso de tecnicismos innecesarios o ambigüedades que puedan llevar a malentendidos. Expresa tus ideas de forma concisa y directa, utilizando un lenguaje claro y accesible para tu audiencia. La comunicación efectiva se basa en la transparencia y la sencillez.

Por último, no subestimes el poder de la persuasión. Utiliza argumentos sólidos, ejemplos concretos y evidencias que respalden tus propuestas. La persuasión requiere habilidad para presentar tus ideas de manera convincente y para rebatir posibles objeciones de forma respetuosa y persuasiva. Domina estas técnicas y estarás un paso más cerca de cerrar acuerdos exitosos en tus negociaciones.

En resumen, la comunicación efectiva en la negociación es una habilidad clave para vendedores y consultores. La escucha activa, la empatía, la claridad y la persuasión son pilares fundamentales que te ayudarán a mejorar tus habilidades comunicativas y a alcanzar tus objetivos en el ámbito de las ventas y el asesoramiento. ¡Ponte en práctica estos consejos y potencia tu capacidad para hablar para convencer!

Recomendaciones finales para mejorar las habilidades de comunicación en la negociación

Para concluir nuestro análisis sobre cómo desarrollar habilidades de comunicación efectiva en la negociación, es crucial recordar que la comunicación es la base de cualquier interacción exitosa. Los vendedores y consultores que deseen fortalecer su desempeño en el ámbito de la negociación deben prestar especial atención a su habilidad para comunicar ideas de manera clara, persuasiva y empática.

En primer lugar, es fundamental practicar la escucha activa durante una negociación. Prestar atención a las necesidades, deseos y preocupaciones de la contraparte no solo permite establecer una conexión más profunda, sino que también facilita la identificación de puntos en común que puedan llevar a un acuerdo beneficioso para ambas partes.

Asimismo, es recomendable utilizar un lenguaje claro y directo al comunicar nuestras propuestas y argumentos. Evitar la ambigüedad y la vaguedad en nuestras expresiones contribuirá a evitar malentendidos y a fomentar la transparencia en la negociación.

Otro aspecto clave para mejorar las habilidades de comunicación en la negociación es la gestión adecuada de las emociones. Mantener la calma y la compostura en situaciones de tensión es fundamental para poder expresar nuestras ideas de manera asertiva y para evitar conflictos innecesarios que puedan entorpecer el proceso de negociación.

Por último, no debemos subestimar el poder de la empatía en la comunicación durante una negociación. Mostrar interés genuino por las necesidades y preocupaciones de la otra parte contribuirá a crear un clima de confianza y colaboración que facilite la búsqueda de soluciones mutuamente beneficiosas. En definitiva, la mejora de las habilidades de comunicación en la negociación requiere práctica, paciencia y un compromiso constante con el desarrollo personal y profesional.

Anexos

Glosario de términos relevantes

Glosario de términos relevantes
En el ámbito de la negociación, es fundamental dominar una serie de términos clave que nos permitirán comunicarnos de manera efectiva y persuasiva. A continuación, presentamos un glosario de términos relevantes para vendedores y consultores que desean potenciar sus habilidades de comunicación en el proceso de negociación.
1. Empatía: La capacidad de ponerse en el lugar del otro, comprender sus necesidades y emociones, esencial para establecer

una conexión genuina y construir relaciones sólidas en el ámbito de la negociación.

2. Asertividad: La habilidad de expresar nuestras opiniones, deseos y necesidades de manera clara, directa y respetuosa, sin dañar la relación con la otra parte, es fundamental para alcanzar acuerdos beneficiosos para ambas partes.

3. Escucha activa: Proceso mediante el cual prestamos atención no solo a las palabras que se dicen, sino también a los gestos, tono de voz y emociones del interlocutor, lo que nos permite comprender mejor su punto de vista y responder de manera adecuada.

4. Negociación win-win: Enfoque en el que ambas partes buscan alcanzar un acuerdo que satisfaga sus intereses y necesidades, creando valor para todos los involucrados y construyendo relaciones de largo plazo basadas en la confianza mutua.

5. Comunicación no verbal: El lenguaje del cuerpo, gestos, expresiones faciales y postura, juega un papel fundamental en la negociación, ya que transmite información adicional y puede reforzar o contradecir el mensaje verbal, por lo que es importante prestarle atención durante el proceso de comunicación.

Dominar estos términos y conceptos clave en el ámbito de la comunicación y negociación es esencial para los vendedores y consultores que buscan desarrollar habilidades efectivas en este campo, permitiéndoles establecer relaciones sólidas, lograr acuerdos beneficiosos y construir una reputación sólida en su nicho profesional.

Recursos adicionales para seguir desarrollando habilidades de comunicación

Para los vendedores y consultores que buscan perfeccionar sus habilidades de comunicación en el ámbito de la negociación, existen numerosos recursos adicionales que les pueden ser de gran utilidad. La comunicación efectiva es una herramienta fundamental en el proceso de persuasión y cierre de acuerdos, por lo que es crucial seguir desarrollando estas habilidades para alcanzar el éxito en el mundo de las ventas.

Una opción recomendada es la asistencia a cursos de oratoria y comunicación efectiva, donde se pueden aprender técnicas avanzadas para mejorar la dicción, la entonación y el lenguaje corporal. Estos cursos suelen incluir ejercicios prácticos y simulaciones de situaciones reales de negociación, lo que permite a los participantes poner en práctica lo aprendido y recibir retroalimentación constructiva.

Otro recurso valioso son los libros especializados en comunicación y negociación, donde se pueden encontrar consejos prácticos, estrategias efectivas y casos de estudio que ayudarán a los vendedores y consultores a ampliar sus conocimientos y habilidades en este ámbito. Algunos títulos recomendados son "Cómo Ganar Amigos e Influir Sobre las Personas" de Dale Carnegie y "Negociar es Fácil, si Sabe Cómo" de Alejandro Hernández.

Además, en la era digital actual, existen plataformas en línea que ofrecen cursos y seminarios virtuales sobre comunicación en la negociación. Estas alternativas son ideales para aquellos que buscan flexibilidad en sus horarios y la posibilidad de acceder a contenido de calidad desde cualquier lugar. Algunas plataformas populares son Coursera, Udemy y LinkedIn Learning.

Asimismo, la práctica constante y la retroalimentación son fundamentales para el desarrollo de habilidades de comunicación. Por ello, se recomienda participar en grupos de debate, networking y eventos de networking donde sea posible interactuar con otros profesionales del sector y poner en práctica las técnicas aprendidas. La experiencia y la exposición a diferentes escenarios de negociación contribuirán significativamente al crecimiento personal y profesional de los vendedores y consultores.

En resumen, para seguir desarrollando habilidades de comunicación en la negociación, es importante aprovechar al máximo los recursos adicionales disponibles, como cursos especializados, libros, plataformas en línea y la práctica constante. La mejora continua en este aspecto no solo permitirá a los vendedores y consultores destacarse en su campo, sino también alcanzar el éxito en sus negociaciones y relaciones comerciales.

www.ingramcontent.com/pod-product-compliance
Lightning Source LLC
Chambersburg PA
CBHW070957220526
45471CB00007B/3069